# FINANZIELLE FREIHEIT IN IHREN 30ERN ERREICHEN.

## SERIE:
## FINANZIELLE FREIHEIT IN JEDEM ALTER.

# Finanzielle Freiheit in Ihren 30ern erreichen.

Serie "Finanzielle Freiheit in jedem Alter"
von: D.K. Hawkins
Version 1.1 ~November 2021
Veröffentlicht von D.K. Hawkins bei KDP
Copyright ©2021 by D.K. Hawkins. Alle Rechte vorbehalten.

Kein Teil dieser Publikation darf ohne vorherige schriftliche Genehmigung der Herausgeber in irgendeiner Form oder mit irgendwelchen Mitteln, einschließlich Fotokopien, Aufzeichnungen oder anderer elektronischer oder mechanischer Methoden oder durch ein Informationsspeicher- oder -abrufsystem, vervielfältigt, verbreitet oder übertragen werden, mit Ausnahme sehr kurzer Zitate in kritischen Rezensionen und bestimmter anderer nichtkommerzieller Verwendungen, die nach dem Urheberrecht zulässig sind.

Alle Rechte vorbehalten, einschließlich des Rechts auf vollständige oder teilweise Vervielfältigung in jeder Form.

Alle Angaben in diesem Buch wurden sorgfältig recherchiert und auf ihre sachliche Richtigkeit überprüft. Der Autor und der Herausgeber übernehmen jedoch keine Garantie, weder ausdrücklich noch stillschweigend, dass die hierin enthaltenen Informationen für jede Person, jede Situation oder jeden Zweck geeignet sind, und übernehmen keine Verantwortung für Fehler oder Auslassungen.

Der Leser übernimmt das Risiko und die volle Verantwortung für alle Handlungen. Der Autor kann nicht für Verluste oder Schäden verantwortlich gemacht werden, die sich aus den in diesem Buch enthaltenen Informationen ergeben könnten.

Alle Bilder sind frei verwendbar oder von Stockfoto-Websites erworben oder lizenzfrei für die kommerzielle Nutzung. Ich habe mich bei der Erstellung dieses Buches auf meine eigenen Beobachtungen sowie auf viele verschiedene Quellen gestützt, und ich habe mein Bestes getan, um die Fakten zu überprüfen und die Quellen zu nennen, wo es angebracht ist. Sollte Material ohne entsprechende Erlaubnis verwendet worden sein, kontaktieren Sie mich bitte, damit das Versehen korrigiert werden kann.

*Die in diesem Buch enthaltenen Informationen dienen nur zu Informationszwecken und sind nicht als Quelle für Ratschläge oder Kreditanalysen in Bezug auf das dargestellte Material gedacht. Die in diesem Buch enthaltenen Informationen und/oder Dokumente stellen keine Rechts- oder Finanzberatung dar und sollten niemals ohne vorherige Rücksprache mit einem Finanzfachmann verwendet werden, um festzustellen, was für Ihre individuellen Bedürfnisse am besten geeignet ist.*

*Der Herausgeber und der Autor geben keine Garantie oder andere Versprechen hinsichtlich der Ergebnisse, die durch die Verwendung des Inhalts dieses Buches erzielt werden können. Sie sollten niemals eine Anlageentscheidung treffen, ohne vorher Ihren eigenen Finanzberater zu konsultieren und Ihre eigenen Nachforschungen und Sorgfaltsprüfungen durchzuführen. Soweit gesetzlich zulässig, lehnen der Herausgeber und der Autor jegliche Haftung für den Fall ab, dass sich die in diesem Buch enthaltenen Informationen, Kommentare, Analysen, Meinungen, Ratschläge und/oder Empfehlungen als ungenau, unvollständig oder unzuverlässig erweisen oder zu Investitions- oder anderen Verlusten führen.*

*Der in diesem Buch enthaltene oder zur Verfügung gestellte Inhalt stellt keine Rechts- oder Anlageberatung dar, und es entsteht keine Beziehung zwischen Anwalt und Mandant. Der Herausgeber und der Autor stellen dieses Buch und seinen Inhalt auf der Basis "wie besehen" zur Verfügung. Die Nutzung der Informationen in diesem Buch erfolgt auf eigene Gefahr.*

# INHALTSVERZEICHNIS.

INHALTSVERZEICHNIS. ................................................................3

EINFÜHRUNG. ..............................................................................5

KAPITEL 1 ....................................................................................10

    Der Mut zur finanziellen Freiheit. ...........................................10

KAPITEL 2 ....................................................................................18

    Strategien zum Erreichen der finanziellen Freiheit in den 30ern. ........................................................................................18

KAPITEL 3 ....................................................................................30

    Wie man durch Internet-Marketing finanzielle Freiheit erlangt. ....................................................................................30

KAPITEL 4 ....................................................................................35

    Residualeinkommen und Hebelwirkung zum Erreichen der finanziellen Freiheit. ...............................................................35

KAPITEL 5 ....................................................................................41

    Erreichen Sie finanzielle Freiheit und verdienen Sie Geld durch verschiedene Einkommensströme. ........................41

KAPITEL 6 ....................................................................................53

    Mit der Kraft der Manifestation können Sie jetzt Ihre Wünsche manifestieren und finanzielle Freiheit erlangen. .53

KAPITEL 7 ....................................................................................59

    Was braucht es, um das Leben zu beginnen, das Sie sich wünschen? ................................................................................59

KAPITEL 8 ..................................................................................66
**Finanzplanung für Privatpersonen, Seelenfrieden und Freiheit.** ..................................................................66
SCHLUSSFOLGERUNG. .............................................................72

# EINFÜHRUNG.

Es ist möglich, ein finanziell freies Leben zu führen, auch wenn man nicht ständig arbeitet, solange man genug Geld hat. Wenn Sie nicht als Milliardär geboren wurden, ist finanzielle Freiheit für Sie wahrscheinlich kein Thema - für Ihre Milliardärs-Eltern war sie es aber zweifelsohne.

Für die große Mehrheit von uns ist finanzielle Sicherheit ein tägliches Bestreben. Im Folgenden erfahren Sie, wie Sie finanzielle Freiheit erlangen und welche zwei wichtigen Regeln Sie dabei beachten sollten. Zweifellos wissen Sie bereits, dass der Schlüssel zur finanziellen Freiheit eine Investition ist. Die Investition ist das Äquivalent zum passiven Einkommen.

Passives Einkommen ist gleichbedeutend mit finanzieller Sicherheit, ohne aktiv zu arbeiten. Das bedeutet, dass Sie mehr Zeit haben, das Leben zu genießen, und gleichzeitig über die finanziellen Mittel verfügen, um dies zu tun. Das bedeutet, jeden Tag aufzuwachen, ohne sich Sorgen machen zu müssen, zu spät zur Arbeit zu kommen oder mühsame Tagesjobs zu erledigen. Das bedeutet, dass Sie in der Lage sind, Ihren finanziellen Verpflichtungen nachzukommen, ohne fünf oder mehr Tage pro Woche zu arbeiten.

Das bedeutet, dass Ihre Einnahmen Ihre Ausgaben übersteigen. Daran müssen wir arbeiten. Wir können nicht einfach fragen, wie wir finanzielle Freiheit erreichen können, und erwarten, dass sich alles von selbst ergibt. Um Ihre Wünsche zu verwirklichen, müssen Sie bereit sein, die Regeln zu befolgen.

Finanzieller Erfolg ist nichts für schwache Nerven und erfordert Selbstreflexion, Beharrlichkeit und Engagement. Um es klar zu sagen: Dies ist KEIN Programm, um schnell reich zu werden; es geht darum, finanzielle Freiheit zu erlangen, was immer das für Sie persönlich bedeutet. Es geht um den Weg, finanzielle Freiheit durch Bildung und Erfahrung zu erreichen, so dass Sie finanzielle Freiheit sowohl erhalten als auch schaffen können.

Die ersten Schritte zur finanziellen Freiheit beginnen mit der Selbstreflexion. Techniken der Selbstreflexion helfen Ihnen, Ihre Gedanken und Verhaltensweisen zu verstehen, denn Ihre Einstellung und Ihr Verhalten bestimmen Ihre Ergebnisse. Denn wer sonst wird Ihre Ziele vorantreiben und Sie auf IHREM Weg zur finanziellen Freiheit begleiten?

Es gibt "X Stufen zur finanziellen Freiheit". Das wäre erreichbar, wenn wir alle gleich aufgebaut wären, mit unseren Gedanken, Gewohnheiten, unserer Persönlichkeit, unseren Überzeugungen und unserer Einstellung. Die Wahrheit ist, dass die Anzahl der Schritte, die erforderlich sind, um IHRE finanziellen Ziele zu erreichen, vollständig von IHNEN und Ihrer Anwendung dieser Werkzeuge und Strategien abhängt.

Bedenken Sie, was Sie im Spiegel (oder auf Ihrem Bankkonto) sehen. Was Sie sehen, spiegelt die finanziellen Ergebnisse wider, die Sie bisher erreicht haben! Wie sieht es aus? OK?

Kann sie verbessert werden? Was könnte schlechter sein?

Jede Antwort, die Sie geben, steht im Zusammenhang mit Ihrem Umfeld und Ihren Mitmenschen. Ihre Definition von Erfolg wird sich von der Ihrer Umgebung und der Welt unterscheiden. Daher werden wir uns darauf konzentrieren, zu definieren, was finanzielle Freiheit (oder genauer gesagt, Ihre finanzielle Freiheit) für Sie bedeutet.

Es hat keinen Sinn, das Geldspiel zu spielen, wenn Sie nicht von Anfang an Ihre finanziellen Ziele festgelegt haben; ohne Ziele ist es unmöglich, zu gewinnen. Strategien zur Selbstreflexion helfen Ihnen, Ihre Gedanken und Verhaltensweisen zu verstehen; schließlich bestimmen Ihre Einstellung und Ihr Verhalten Ihre Ergebnisse.

Ein Bestandteil der Selbsteinschätzung ist die Untersuchung unserer Grundlagen, unserer Überzeugungen und unserer Einstellung zum Geld. Wir werden auch unsere Gewohnheiten untersuchen, warum wir bestimmte Handlungen oder Aufgaben automatisch ausführen und warum unser Unterbewusstsein automatisch die Kontrolle übernimmt.

Solange Sie sich keine finanziellen Ziele setzen, hat es keinen Sinn, das Geldspiel zu spielen; ohne Ziele ist es unmöglich, zu gewinnen. Wir müssen uns auf einige unserer nicht förderlichen Verhaltensweisen, die unserem finanziellen Wohlergehen abträglich sind, konzentrieren und sie ändern.

# KAPITEL 1

*Der Mut zur finanziellen Freiheit.*

Ich weiß, dass Sie dies schon viele Male gehört haben. Sie haben versucht, die Ratschläge anderer umzusetzen und zu befolgen und ebenfalls auf diese Weise zu leben. Ich weiß, dass ich das getan habe. Selbst wenn Sie diesen Spruch nicht von jemand anderem gehört haben, sind Sie vielleicht davon ausgegangen: "Wenn ich so lebe, werde ich finanziell frei sein. Das habe ich auch gedacht, und es ist nach hinten losgegangen.

Ich beziehe mich darauf, das einfache Leben zu genießen. Man geht davon aus, dass die gleichen Probleme, mit denen man sich nicht auseinandersetzt, irgendwann verschwinden werden. Oder anders ausgedrückt: Wenn ich nur finanzielle Freiheit hätte, würde es mir besser gehen.

Das Seltsame daran ist, dass es Sie davon abhält, unglaublichen Wohlstand und finanzielle Unabhängigkeit zu erreichen. Und warum?

Weil Sie vielleicht nicht den Mut haben, finanzielle Freiheit zu erreichen und sich dessen nicht einmal bewusst sind.

Denken Sie darüber nach.

Am Morgen sagen Sie: "Ich bin so froh, dass ich gerade so viel Geld habe, um über die Runden zu kommen", oder: "Ich liebe es, auf mein Bankkonto zu schauen, das vielleicht überzogen ist und ich trotzdem nicht alle Rechnungen bezahlen kann", oder: "Ich freue mich einfach darauf, dass am Ende meines Geldes mehr Leben übrig ist, während ich mich täglich ängstlich und gestresst fühle." Nein, damit rechnet niemand.

Aber genau das passiert, und so bizarr es auch klingen mag, es hat damit zu tun, dass man sich nicht traut, nach finanzieller Freiheit zu streben. Worauf will ich also hinaus?

Sie werden überall, wo Sie sind oder was auch immer Sie im Leben tun, auf ein ausgewogenes Verhältnis von Unterstützung und Schwierigkeiten, Freude und Leid, Lob und Kritik stoßen. Daneben wird es Menschen geben, die Sie bewundern und verachten - gleichermaßen.

Und das Wichtigste dabei ist: Je mehr Reichtum Sie haben (in Kombination mit finanzieller Freiheit), desto mehr von beidem werden Sie in gleichem Maße haben.

Betrachten Sie die reichsten Menschen der Welt. Welche Beobachtungen machen Sie?

Betrachten Sie zur Veranschaulichung Donald Trump. Sie werden sehen, dass Trump Millionen von Gegnern und Millionen von Anhängern hat. Sie werden sehen, dass Millionen von Menschen ihm vorwerfen, ein egoistischer Idiot zu sein, und Millionen, die ihn als freundlichen und mitfühlenden Mann loben.

Vielleicht ist Ihnen auch nicht bewusst, dass die reichsten Menschen (einschließlich Trump) viele Risiken eingehen, und dass sie gerade dadurch, dass sie diese Risiken eingehen, Vorteile erhalten.

Die meisten Menschen glauben, dass sie ein müheloseres und glücklicheres Leben haben, wenn sie wohlhabend sind und über finanzielle Freiheit verfügen. In Wirklichkeit werden Sie ein gleiches Maß an Leichtigkeit und Kampf und die anderen oben genannten Gegensatzpaare erleben, und je größer Ihr finanzielles Vermögen ist, desto mehr von beidem werden Sie erhalten.

Wenn Sie mehr Vorteile anstreben, sollten Sie sich darauf einstellen, größere Risiken einzugehen. Wenn Sie wollen, dass Sie von tausend Menschen unterstützt, gelobt und gemocht werden, sollten Sie sich darauf einstellen, dass Sie von tausend Menschen kritisiert, getadelt und verachtet werden. Freud und Leid stehen gleichberechtigt nebeneinander, ebenso wie die Meinung der Menschen über Sie als großzügig und gierig.

Nun zu dem, was die meisten Menschen unbewusst glauben.

"Wenn ich wohlhabend (in Millionenhöhe) und finanziell unabhängig bin, werden die Leute glauben, ich sei stinkreich. Ich will nicht, dass die Leute so über mich denken. Die Menschen, die mich früher mochten, und auch diejenigen, die ich nicht kenne, werden mich nicht mehr mögen. Durch meinen finanziellen Erfolg bin ich nun vermehrter Kritik ausgesetzt. Man stellt mich mehr auf die Probe.

Plötzlich können Leute, die ich nicht kenne und von denen ich seit Jahren nichts mehr gehört habe, auf mich zukommen und mich um Geld bitten. Wenn ich "nein" sage, würden sie mich verachten und glauben, ich sei geizig und gierig. Ich dachte, das Leben wäre einfach, aber jetzt gibt es mehr Verantwortung und Verpflichtungen, und es scheint, als würde ich in den Augen vieler anderer ständig unter dem Mikroskop stehen.

Das alles interessiert mich nicht und ich werde alles tun, um mich nicht damit auseinandersetzen zu müssen.

Genau das passiert, wenn man glaubt, dass es einem durch mehr Geld und finanzielle Freiheit besser gehen wird. Natürlich können Sie etwas tun, um sich auf die Möglichkeit vorzubereiten, dass dies nicht der Fall sein wird und Sie ein finanziell unabhängiges Leben führen können.

Aber zuallererst müssen Sie die Kraft dazu haben.

Besitzen Sie die Stärke, sowohl Widerstand als auch Unterstützung zu akzeptieren?

Haben Sie die Stärke, mit der gleichen Anzahl von Menschen umzugehen, die Sie nicht mögen und die Sie mögen?

Sind Sie mutig genug, um mit denen umzugehen, die sich von Ihrer Anwesenheit abgestoßen fühlen? Aber auch mit denen, die Ihnen aufrichtig zugewandt sind und Sie anlächeln?

Haben Sie die Kraft, bestimmte Menschen in Ihrem Leben loszulassen, während Sie anderen erlauben, einzutreten?

Haben Sie die Kraft, als egoistisch wahrgenommen zu werden, während Sie gleichzeitig für Ihre Großzügigkeit und Ihr Mitgefühl bekannt sind?

Haben Sie die Stärke, als "stinkreich" und "glücklich" angesehen zu werden, so wie jemand, der sich seinen Weg verdient hat und anderen einen großen Nutzen bringt?

Haben Sie jetzt die Kraft, anzuerkennen, dass Ihr Leben sowohl Schwierigkeiten als auch Leichtigkeit enthält?

Wenn Sie sieben Mal mit "Ja" geantwortet haben, gratuliere ich Ihnen, denn Sie besitzen jetzt den Mut, der notwendig ist, um finanzielle Freiheit zu erreichen.

Nutzen Sie diese Prinzipien, um zu lernen, wie Sie das Beste aus Ihren bestehenden Umständen machen können, um finanzielle Freiheit zu erreichen.

# KAPITEL 2

## *Strategien zum Erreichen der finanziellen Freiheit in den 30ern.*

Die meisten Menschen in ihren Dreißigern sind auf der Suche nach neuen Möglichkeiten, finanzielle Freiheit zu erlangen. Sie streben danach, ihren Lebensstil zu verbessern und für die Zukunft zu planen. Sie wünschen sich mehr Zeit für ihre Familien und weniger Zeit zum Arbeiten.

Sie wollen das Leben ihrer Träume leben, aber leider schaffen es die meisten Menschen nicht, nicht weil sie nicht wollen oder faul sind, sondern weil sie kein Know-how haben. Bevor ich die neuesten Konzepte für finanzielle Freiheit aufzähle, wollen wir uns ansehen, was die meisten Menschen heute im Leben tun, das wahrscheinlich nicht zu finanzieller Freiheit führt.

Lassen Sie uns einige Ideen untersuchen, die nicht funktionieren:

1. Finanzielle Einsparungen

Es stimmt zwar, dass Sparen Ihnen helfen kann, wohlhabend und finanziell unabhängig zu werden, aber die Realität ist, dass dieser Prozess viele, viele Jahre dauert.

Damit will ich nicht sagen, dass Sie kein Geld sparen sollten; wenn Sie erfolgreiche Menschen und Prinzipien studieren, werden Sie feststellen, dass Sparen einer der Wege zum Wohlstand ist. Das heißt, dass Sparen allein wahrscheinlich nicht ausreicht, um finanzielle Freiheit zu erreichen.

Dafür gibt es einige Erklärungen. Erstens verschleudern die meisten Menschen ihr Einkommen; sie haben nicht jeden Monat Geld übrig, um zu sparen. Zweitens: Da die Inflation in der Regel höher ist als die von den Banken angebotenen Zinssätze, werden Sie letztendlich Geld verlieren. Aus diesem

Grund würde ich das Sparen nicht als eine der neuesten Ideen für finanzielle Freiheit betrachten.

## 2. Arbeit als Angestellter

Der größte Nachteil der Arbeit als Angestellter ist, dass man Zeit gegen Geld tauscht. Schließlich haben wir alle vierundzwanzig Stunden pro Tag (im Rattenrennen gefangen). Einige wenige Arbeitnehmer verdienen genug Geld, um mehr zu sparen/zu investieren, als sie ausgeben. Diese Personen sind jedoch nicht typisch. Es sind Menschen, die drei oder vier Abschlüsse haben und immer Einser-Schüler waren.

Das sind wirklich intelligente Männer. Ein weiterer bedeutender Nachteil des Angestelltenverhältnisses ist, dass Sie nicht gerecht entlohnt werden; Sie können nicht gerecht entlohnt werden, weil Ihr Arbeitgeber von Ihnen profitieren muss.

## 3. Selbstständig

Ein eigenes Unternehmen ist einem Angestelltenverhältnis vorzuziehen, da Sie selbst über Ihren Zeitplan und Ihr Schicksal bestimmen können. Die Selbstständigkeit hat den großen Nachteil, dass Sie Ihre Zeit gegen Geld eintauschen müssen.

Wenn Sie nicht arbeiten, werden Sie nicht entlohnt. Die oben beschriebenen Strategien gelten nicht als bahnbrechende Ideen für finanzielle Freiheit und werden wahrscheinlich nicht zu finanzieller Freiheit führen, da sie alle keine Hebelwirkung haben.

Schauen wir uns einige der neuesten Ideen an, um die finanzielle Freiheit zu erreichen, die funktioniert:

1. Gründen Sie Ihr eigenes Unternehmen von Grund auf:

Sie können Ihr eigenes Unternehmen gründen, wenn Sie sich für ein bestimmtes Produkt oder eine bestimmte Dienstleistung begeistern oder wenn Sie einen ungedeckten Bedarf auf dem Markt festgestellt haben - möglicherweise, weil Sie vor der Investition viele Hausaufgaben machen müssen. Die meisten milliardenschweren Unternehmen wurden von einer einzelnen Person mit einer Idee gegründet, oft in einer Garage oder einem Gästezimmer.

Wenn Sie eine Chance erkennen und den Glauben und die Entschlossenheit haben, sie zu verfolgen, können Sie Großes erreichen! Microsoft, Virgin, Dell und eBay sind nur einige Beispiele für solche Unternehmen. Haben Sie also die neuesten und besten Ideen, um finanzielle Freiheit zu erreichen?

2. Mehrstufiges Marketing / MLM

Die Gründung eines eigenen Unternehmens kann einschüchternd und kostspielig sein, wenn Sie über keinerlei Erfahrung im Geschäftsleben verfügen. Hier zeichnet sich das Network-Marketing aus. Sie investieren in ein gut etabliertes System zu sehr günstigen Startkosten und verdienen, während Sie lernen. Network-Marketing ist nicht mit einer traditionellen Beschäftigung vergleichbar. Wenn Sie

Ihr Unternehmen richtig führen, können Sie es zu einem Millionen-Dollar-Unternehmen ausbauen.

Und wenn Sie nicht daran arbeiten, werden Sie scheitern. Leider ist Network-Marketing eine der neuesten Ideen für finanzielle Freiheit, der die Menschen skeptisch gegenüberstehen; sie tun es als Schneeballsystem ab, ohne den Unterschied zu verstehen.

3. Investitionen in Immobilien

Immobilieninvestitionen sind kein neues Konzept zur Erlangung finanzieller Freiheit, da sie schon seit Jahrhunderten existieren. Dennoch ist es meiner Meinung nach die beste mittel- bis langfristige Investition, die Sie tätigen können.

Statistiken zufolge sind die Immobilienwerte im Vereinigten Königreich in den letzten 80 Jahren jedes Jahr um etwa 10 % gestiegen. Auch wenn die Immobilienwerte gesunken sind, machen sie diesen Verlust immer wieder wett und steigen im Laufe der Zeit weiter an.

## 4. Investieren in Aktien

Sie können verschiedene Aktien erwerben, darunter Vorzugsaktien, Anleihen und Pfandbriefe, aber die gängigste ist die Stammaktie; Stammaktien stellen lediglich das Eigentum eines Unternehmens dar.

Mit dem Kauf von Aktien, die gemeinhin als Anteilsscheine oder Aktien bezeichnet werden, werden Sie also zu einem tatsächlichen Miteigentümer des Unternehmens. Wenn ABC Plc zum Beispiel 100.000 Aktien im Wert von 1 $ pro Stück hat und Sie Aktien im Wert von 1.000 $ kaufen, besitzen Sie 1 % des Unternehmens.

Es ist wichtig, daran zu denken, dass Sie als Investor ein Mitspracherecht bei den Geschäften des Unternehmens haben, indem Sie bei Aktionärsversammlungen eine Stimme abgeben. Sie können auch finanziell profitieren, wenn das Unternehmen erfolgreich ist. Wenn das Unternehmen gut abschneidet, sollte der Wert Ihrer Investition steigen; wenn das gleiche Unternehmen jedoch schlecht abschneidet, kann der Wert Ihrer Aktien sinken.

5. Persönliche Entwicklung

Die einzige Möglichkeit, schnell reich zu werden, besteht darin, im Lotto zu gewinnen, ein Vermögen zu erben oder eine Bank auszurauben. Die Chancen, im Lotto zu gewinnen, sind gleich Null, nur wenige Menschen haben reiche Großeltern, und der Gedanke an ein Gefängnis ist für den typischen Menschen uninteressant. Es ist für jeden von uns denkbar, jedes Jahr Millionen und Abermillionen von Dollar zu verdienen, aber die Realität ist, dass wir keine Ahnung haben, wie.

Sie werden kein Buch finden, das ein fertiges Rezept für Geld enthält, das Sie sofort reich macht, denn wenn es ein solches Buch gäbe, wären wir alle reich, nicht wahr? Wir müssen jedoch von den Größten lernen.

Wenn Sie jemanden sehen, der in irgendetwas im Leben erfolgreich ist, lernen Sie von ihm, und umgeben Sie sich mit seiner Präsenz, seinem Wissen und seinen Erfahrungen, indem Sie Audio-Trainingsmaterialien lesen und anhören. Selbstverwirklichung ist die am meisten unterschätzte der neuesten Ideen für finanzielle Freiheit, obwohl sie wahrscheinlich die wichtigste ist.

6. Schlechte Schulden beseitigen

Zunächst müssen wir erkennen, dass es "gute" und "schlechte" Kredite und deren Unterscheidung gibt. Nicht alle Schulden gelten als "schlecht". Bestimmte Schulden können zu Einnahmen führen.

Heute sind die reichsten Menschen der Welt mit Millionen von Dollar verschuldet, weil sie es verstanden haben, sich zu verschulden. Wenn Sie eine Hypothek auf eine zu vermietende Immobilie haben und Ihre Mieter diese abbezahlen, handelt es sich um eine "positive" Schuld, da sie Einnahmen generiert. Sie möchten so viele "gute" Schulden wie möglich anhäufen.

Kreditkarten, Ratenzahlungen für Autos und Kaufhauskarten sind alles Beispiele für "schlechte Schulden". In der Regel zahlen Sie ein Vermögen (bis zu 30 %) für diese Schulden, die nur dazu dienen, Ihren monatlichen Cashflow einzuschränken.

Schaffen Sie eine Struktur, die Ihnen hilft, diese Schulden schneller zu tilgen, und achten Sie darauf, dass Sie nicht wieder in diese Probleme geraten. Das bedeutet nicht, dass Sie nie ein schickes Auto oder ein Boot besitzen werden; es bedeutet vielmehr, dass Sie, wenn Sie klug ausgeben und Ihr Unternehmen richtig ausbauen, in der Lage sein werden, dieses Auto direkt zu kaufen.

7. Online Geld verdienen

Es gibt viele verschiedene Methoden, um online Geld zu verdienen, während man von zu Hause aus arbeitet, und eine davon ist das Affiliate-Marketing. Beim Affiliate-Marketing werben Sie effektiv für eine Website und werden für jeden Besucher, Abonnenten, Kunden und/oder Verkauf, der durch Ihre Bemühungen zustande kommt, vergütet. Eine weitere Methode, online Geld zu verdienen, ist die Einrichtung einer eigenen Website.

Mit einer Webseite allein lässt sich kein Geld verdienen, aber wenn Sie eine Website mit einem hohen Besucheraufkommen aufbauen können, können Sie Geld verdienen, indem Sie Werbeflächen auf Ihrer Website verkaufen.

Ebay ist eine weitere Methode, die bei Menschen, die von zu Hause aus arbeiten, an Beliebtheit gewonnen hat. Manche Menschen verbringen ihre Tage damit, bei eBay nach Schnäppchen zu suchen. Sie kaufen diese Produkte und verkaufen sie mit Gewinn weiter. Bestimmte Personen erstellen oder vertreiben Dinge auf eBay und verdienen damit Geld.

8. Schaffen Sie ein einzigartiges Produkt, eine einzigartige Dienstleistung oder eine Erfindung

Eine weitere Möglichkeit, viel Geld zu verdienen, besteht darin, einen Gegenstand oder eine

Dienstleistung zu schaffen, der/die das Leben der Menschen vereinfacht oder den Wunsch vieler Menschen erfüllt. Erfinden ist viel komplizierter, als es klingt, aber nicht alle Erfindungen müssen kompliziert sein. Bei meinen Recherchen im Internet bin ich auf eine Website gestoßen, die Wünschelruten aus Plastik verkauft.

Ja, jemand hat eine Möglichkeit gefunden, Truthahn-Wunschknochen für das Erntedankfest in den Vereinigten Staaten zu vervielfältigen; das Konzept besteht darin, dass man ein paar davon kauft, und jeder am Tisch kann sich seinen Wunsch erfüllen, nicht nur einer. Das Unternehmen produziert jetzt über 30.000 Wunschknochen pro Jahr mit einem Gewinn von 3 Dollar pro Knochen.

# KAPITEL 3

## *Wie man durch Internet-Marketing finanzielle Freiheit erlangt.*

Finanzielle Freiheit bezieht sich auf die Fähigkeit einer Person, ihren derzeitigen Lebensstandard aufrechtzuerhalten, ohne lange zu arbeiten oder sich auf andere zu verlassen, um die Ausgaben zu decken. Im Wesentlichen muss eine Person über einen größeren monatlichen Mittelzufluss als monatlichen Mittelabfluss für Lebenshaltungskosten verfügen.

Die meisten von uns streben nach finanzieller Freiheit oder einem zu frühen Ruhestand, um das Leben genießen zu können. Dies muss keine ferne Vorstellung sein. Jede Person, die in der Lage ist, konsequent Geld zu verdienen und finanzielle

Disziplin zu wahren, kann finanzielle Freiheit erreichen.

Online-Marketing ist ein fantastischer Ansatz, um von zu Hause aus billiges Geld zu verdienen. Online-Geld verdienen ist so einfach, dass jeder, der Zeit hat, zusätzliches Geld verdienen kann, wenn er sich auf die Grundlagen des Online-Marketings konzentriert.

Das Internet ist der größte Marktplatz der Welt und bietet viele Möglichkeiten, Geld zu verdienen und finanzielle Freiheit zu erlangen. In diesem Kapitel werden die grundlegendsten Strategien für das schnelle Geldverdienen mit Internet-Marketing besprochen.

Verstehen Sie Ihre Möglichkeiten.

Überlegen Sie sich die verschiedenen Methoden, mit denen Sie online Geld verdienen können. Viele effiziente Internet-Marketing-Strategien können Ihnen dabei helfen, online Geld zu verdienen. SEO, Blogging, Werbung, Schreiben von

Artikeln, Aufbau und Verwaltung von Online-Verzeichnissen, Affiliate-Marketing und E-Commerce sind nur einige Beispiele.

Es gibt heute viele Möglichkeiten, im Internet Geld zu verdienen. Als Anfänger mag es schwierig erscheinen, online Geld zu verdienen. Das Geheimnis des Erfolgs im Online-Marketing besteht jedoch darin, sich auf einige wenige der oben genannten Konzepte zu konzentrieren, anstatt alle möglichen Kanäle zu verfolgen. Finanzielle Freiheit entsteht nicht über Nacht; Sie müssen extrem hart arbeiten, um sie zu erreichen.

Mögliche Gefahren:

Ein Online-Marketing-Geschäftsplan birgt viele Gefahren. Es kann sein, dass die Kosten höher sind als die Einnahmen, dass die Suchmaschinenoptimierung unwirksam ist, dass es an wirksamen Marketinginitiativen mangelt oder dass die Geschäftsstrategie unproduktiv ist.

Es ist wichtig, all diese Gefahren zu berücksichtigen, denn Sie werden viel Zeit und Mühe in diese Arbeit investieren, und deshalb ist es wichtig, die damit verbundenen Risiken zu analysieren.

Alle verfügbaren Techniken nutzen.

Zu Beginn einer Online-Marketing-Kampagne ist die Keyword-Recherche die wichtigste Phase. Nach der Durchführung einer angemessenen Keyword-Recherche können Sie mit dem Aufbau von Links, der Erhöhung des Page Rank und der Nutzung verschiedener Internet-Marketing-Strategien beginnen. Diese Internet-Marketing-Strategien können soziale Netzwerke, E-Mail-Marketing und Blog-Bookmarking umfassen. Das Ziel ist es, einen soliden Geschäftsplan zu entwickeln und sich daran zu halten, während man stets versucht, sich zu verbessern.

Ein Online-Vermarkter kann unmöglich alle verfügbaren Marketingtaktiken einsetzen. Am besten ist es jedoch, die Entwicklung der Trends auf dem Online-Markt genau zu verstehen.

Denken Sie auch daran, ein Online-Geschäft nach ethischen Grundsätzen aufzubauen, um sicherzustellen, dass Ihre Kunden volles Vertrauen in Ihr Unternehmen und seine Produkte oder Dienstleistungen haben.

# KAPITEL 4

## *Residualeinkommen und Hebelwirkung zum Erreichen der finanziellen Freiheit.*

Was ist Residualeinkommen? Was ist Hebelwirkung?

Warum brauchen Sie beides, um finanzielle Freiheit zu erreichen?

Vielleicht haben Sie diese Fragen schon einmal gehört und unterschiedliche Antworten erhalten. Ich bin hier, um die Wahrheit klarzustellen, da diese Fragen mein Leben erheblich beeinflussen.

Allzu oft wird finanzielle Freiheit mit großem Reichtum gleichgesetzt. Es wird weithin geglaubt, dass die durchschnittliche Person keine finanzielle

Freiheit erreichen kann, es sei denn, sie gewinnt im Lotto oder im Jackpot. Das ist kategorisch unwahr.

Tatsächlich wird finanzielle Freiheit als ausreichendes "passives" oder "Residual"-Einkommen definiert, mit dem man seinen Lebensunterhalt bestreiten kann. Ich spreche nicht davon, ein 100.000-Dollar-Auto zu fahren und zwei Monate Urlaub auf den Fidschi-Inseln zu machen. Ich beziehe mich auf Ihr Leben, wie es derzeit aussieht. Nehmen wir eine Person, die 50.000 Dollar im Jahr verdient.

Sie könnte sicherlich mit 40.000 Dollar pro Jahr auskommen, um ihre Grundbedürfnisse zu decken (Wohnung, Nebenkosten, Lebensmittel und Transport). Die Person bräuchte nur ein passives Einkommen von 40.000 Dollar pro Jahr, um in einem solchen Fall finanzielle Freiheit zu erreichen.

Daraus ergibt sich das Wichtigste, was wir im Leben erwerben können. ZEITFREIHEIT! Wenn Sie Ihre Zeit nicht mehr gegen Geld eintauschen müssen, um das zu tun, was Sie wollen oder wozu Sie sich berufen fühlen, können Sie Ihr Leben in vollen Zügen genießen.

LEVERAGE.

Sie werden mit ziemlicher Sicherheit ausgebeutet. Ich bin es und fast jeder, den ich kenne. Die große Firma meiner Cousine nutzt ihre Zeit und ihre Talente zu ihrem Vorteil aus; die vielen Partnerprogramme, an denen ich teilnehme, nutzen mich und mein Marketing zu ihrem Vorteil aus, und Sie werden mit ziemlicher Sicherheit auch ausgenutzt.

Als ehemaliger Inhaber eines Malergeschäfts für Privathäuser habe ich jede Woche von der Arbeit und den Talenten meiner Mitarbeiter profitiert. Die Frage ist also nicht, wer Sie unter Druck setzt, sondern wer Sie unter Druck setzt. Wenn Sie keine Hebelwirkung nutzen, um finanzielle Freiheit zu erreichen, wünsche ich Ihnen viel Glück im Lotto.

EINBEHALTUNG VON RESTEINKOMMEN.

Jemand hat mich einmal gefragt, ob ich ein Immobilienmakler sei, der fleißig daran arbeitet, ein Haus zu verkaufen.

Was wäre mir lieber: meine 5000 Dollar Provision zu kassieren ODER für den Rest meiner Jahre jedes Mal 5 Dollar zu erhalten, wenn die Haustür geöffnet und geschlossen wird?

Obwohl ich sofort (und fälschlicherweise) antwortete, dass ich die gesamte Provision im Voraus haben wollte, ließ mich die Frage nicht los. Schließlich war ich damals zwanzig Jahre alt, und 5000 Dollar klangen wie ein Vermögen. Ich berechnete die Zahlen sowohl im Kopf als auch auf dem Papier. Ich habe die Situation mit ein paar Freunden besprochen. Ich kam immer noch zu demselben Ergebnis.

Die Zahlen stimmten zwar, aber meine Perspektive war begrenzt. Erst als ein Freund der Familie (ein sehr erfolgreicher Versicherungsfachmann) mich fragte: "Was wäre, wenn du in den nächsten vier Jahren jeden Monat durchschnittlich zwei Häuser verkaufst?", änderte sich meine Perspektive. Das sind 96 Wohnungen.

Wenn der untere Durchschnitt der Eröffnungen/Schließungen pro Haus fünf pro Tag beträgt, sind das tägliche Kosten von 2400 Dollar. Ein solches Vergütungssystem gibt es in der Immobilienbranche heute nicht (zumindest nicht, soweit ich weiß), sonst wären wir alle Immobilienmakler. Das ist der Grund, warum viele Menschen auf der Suche nach wirklicher finanzieller Freiheit in die Affiliate- oder Network-Marketing-Branche abwandern.

Mit anderen Worten: Residualeinkommen ist Geld, das wiederholt für eine einzige Handlung gezahlt wird. Ihr Versicherungsvertreter hat Ihnen Ihre Police einmal verkauft, wird aber jedes Mal entschädigt, wenn Sie Ihre Verlängerungsprämie zahlen, um Ihre Police zu erhalten.

Die Affiliate- oder Network-Marketing-Branche ist die angenehmste Möglichkeit, ein risikoarmes, kostengünstiges Geschäft aufzubauen, das die Macht der Hebelwirkung nutzt und von Residualeinkommen profitiert. Auch die Zeiten, in denen Sie Ihre Freunde und Familie als potenzielle Kunden betrachteten und sie jedes Mal belästigten, wenn Sie sie sahen, sind dank des Internets vorbei.

Das Internet zu nutzen, um ein Network-Marketing-Geschäft aufzubauen und wachsen zu lassen, ist eine wunderbare Idee! Wenn Sie es richtig anstellen, werden Sie von hochspezialisierten Interessenten aufgesucht, und Sie müssen nicht ständig bei jedem, der Ihnen begegnet, für Ihr Unternehmen werben.

Ich habe mir langfristig vorgenommen, nie wieder ein Unternehmen zu besitzen oder zu betreiben, das nicht die Kraft der Hebelwirkung nutzt und die Vorteile von Residualeinkommen bietet. Dieser philosophische Wandel hat sich tiefgreifend auf meine Familie ausgewirkt. Meine Cousine und ich arbeiten beide in Teilzeit, und ich arbeite von zu Hause aus. Wahre finanzielle Freiheit ist am Horizont zu sehen.

# KAPITEL 5

*Erreichen Sie finanzielle Freiheit und verdienen Sie Geld durch verschiedene Einkommensströme.*

Dieses Kapitel soll Sie über die verschiedenen Mittel und Wege des Geldverdienens aufklären, um finanzielle Freiheit durch viele Einkommensquellen zu erreichen.

Es geht hier nicht darum, Tipps und Ratschläge zu erhalten, wie man über Nacht zum Milliardär wird oder wie man leicht und schnell Geld verdient; stattdessen geht es darum, bewährte und getestete Strategien zu erlernen, um lebenslang viele Einkommensquellen aufzubauen und weniger abhängig von einem einzigen Job zu werden.

Zusammengefasst sind dies die verschiedenen Einkommensquellen, die es jedem ermöglichen, Geld zu verdienen und seinen Lebensunterhalt zu bestreiten.

Quellen.

* Primäreinkommen - Dies ist die häufigste Einkommensart, die Ihr Arbeitgeber in Form eines Gehalts oder Lohns und Leistungen als Gegenleistung für Ihre Arbeit für den Arbeitgeber gewährt. Hier verdienen Sie Geld ausschließlich durch Ihre Arbeit für Ihren Arbeitgeber.

* Alternative - Dies ist ein Einkommen, das durch andere Mittel oder Quellen als die traditionelle Büroarbeit oder Beschäftigung erzielt wird. Viele Menschen verdienen Geld, indem sie bloggen, investieren, bei eBay verkaufen oder ein Online-Unternehmen gründen.

Typen.

* Verdient oder aktiv - Sie verdienen Geld durch Arbeit. Sie hören auf, Geld zu verdienen, wenn Sie aufhören, Zeit mit der Arbeit zu verbringen, die Ihr Einkommen erzeugt.

* Passiv oder Residual - Das Geld arbeitet für Sie! Im Gegensatz zu verdientem oder aktivem Einkommen geht die Einkommenserzeugung weiter, auch wenn Sie nicht mehr arbeiten.

In Anbetracht der beiden Einkommensarten ist es ratsam, Ihre Einkommensströme zu diversifizieren und sich bewusst auf die Schaffung von Residualeinkommen oder passivem Einkommen zu verlagern.

Was gilt als passives und Residualeinkommen für alle?

Viele Einkommensquellen zu haben, ist entscheidend für die finanzielle Freiheit. Dies steigert Ihr Gesamteinkommen erheblich und beschleunigt das Wachstum des finanziellen Reichtums. Auf diese Weise können Sie sich von Ihrer

Haupteinkommensquelle, die derzeit Ihre Arbeit ist, unabhängiger machen und sie schließlich ganz ersetzen, um finanzielle Freiheit zu erlangen.

Eine Diversifizierung der Einkommensquellen ist also heutzutage für jeden unerlässlich, und dies wird durch die folgenden Gründe noch deutlicher:

* Wenn Sie Ihren Arbeitsplatz verlieren, "verschwindet" Ihr Einkommen nicht, sondern "verringert sich", weil Sie weiterhin Geld verdienen und durch Ihre vielen passiven Einkommensquellen Geld generieren.

* Wenn Sie in einem Unternehmen befördert werden, ist es extrem schwierig, eine Stelle zu finden, die genauso gut bezahlt wird wie Ihre vorherige.

* Mehrere Einkommensquellen zu haben, beschleunigt Ihren Weg zur finanziellen Freiheit. Schließlich ist der wahre Test für finanzielle Freiheit, wenn Sie nicht mehr auf Ihre Beschäftigung angewiesen sind, um Ihre Lebenshaltungskosten zu decken.

\* Wenn Sie mehrere Einkommensquellen haben, können Sie Ihre Ressourcen nutzen und Ihre Flexibilität erhöhen. Wenn Sie nicht auf Ihre Beschäftigung angewiesen sind, um zu überleben, sind Sie in einer viel besseren Position.

Von wenigen Ausnahmen abgesehen, ist das Konzept der Festanstellung tot; sich auf eine einzige Einkommensquelle zu verlassen, ist äußerst schwierig, da viele Unternehmen nicht zögern, aus Gründen der Kostensenkung Personal abzubauen. Meiner Meinung nach ist es für jeden wichtig, seine Einkommensquellen zu diversifizieren, um das Einkommensrisiko zu mindern.

Sie haben viel Geld, Mühe und Zeit investiert, um Ihre derzeitige Position zu erreichen. Die meisten Arbeitgeber setzen einen Hochschulabschluss voraus, während einige zusätzliche Schulungen und Ausbildungen verlangen.

Vier Jahre College-Ausbildung haben einen beträchtlichen Teil Ihres Geldes, Ihrer Bemühungen und Ihrer Zeit verschlungen! Es ist nicht unvernünftig, 15 Minuten pro Woche aufzuwenden, um mehrere Einkommensquellen zu erschließen, die mindestens 1.000,00 $ pro Monat einbringen!

Sobald Sie einen Einkommensstrom (wiederkehrend und passiv) aufgebaut haben, können Sie einen weiteren erkunden. Im Gegensatz dazu schafft die bereits etablierte Einnahmequelle weiterhin Geld und generiert Einnahmen für Sie, daher das passive Konzept.

Zur Veranschaulichung: Wenn Sie eine Einkommensquelle haben, die Ihnen mindestens 10.000 Dollar pro Monat einbringt, werden Sie weiterhin mindestens so viel verdienen, da die Einkommensgenerierung zunimmt, selbst wenn Sie nichts tun; das ist das passive Prinzip. Im Vergleich dazu hören Sie auf, Geld zu verdienen, wenn Sie sich nicht mehr bei Ihrem Bürojob melden, weil Sie keine regelmäßige Vergütung mehr erhalten.

Grundlegende Werte für den geschäftlichen Erfolg in mehreren Einkommensströmen.

Wie bereits erwähnt, glauben wir nicht an "get-rich-quick"-Systeme und möchten Sie vor verschiedenen betrügerischen Systemen warnen, die solche betrügerischen Systeme versprechen. Wir empfehlen, dass Sie, wenn Sie wirklich Geld verdienen und finanzielle Freiheit durch viele Einkommensströme erreichen wollen, die folgenden Werte im Auge behalten müssen:

1. Leidenschaft - Verfolgen Sie Aktivitäten, die Ihnen wirklich Spaß machen und für die Sie sich begeistern können.

2. Fähigkeiten - Widmen Sie sich der Verbesserung Ihrer Fähigkeiten und der Entwicklung zu einem Experten.

3. Beharrlichkeit - Erwarten Sie niemals sofortige Ergebnisse. Seien Sie geduldig und beharrlich, bis Sie ein gewisses Maß an Erfolg erreicht haben, und fahren Sie fort, beharrlich zu sein, um noch größere Erfolge zu erzielen.

4. Anpassungsfähigkeit - Einige Aufgaben erfordern mehr Aufwand als andere.

5. Entschlossenheit - Andere Ideen mögen funktionieren, viele aber auch nicht; versuchen Sie es weiter und lassen Sie sich nicht entmutigen. Seien Sie beharrlich, bis Sie das Marketinginstrument gefunden haben, das für Sie am besten funktioniert.

6. Expandieren Sie - Geben Sie sich nicht mit Ihrem anfänglichen Erfolg zufrieden; suchen Sie nach weiteren Einnahmequellen, um Ihr Einkommen zu ergänzen und Ihre einkommensschaffende Kapazität zu erweitern.

7. Inkrementell - Einkünfte aus vielen Quellen summieren sich zu einem beträchtlichen Teil des Gesamteinkommens.

Werden Sie Teilzeit-Unternehmer.

Wie bereits gesagt, ist es sehr gefährlich, sich nur auf seine aktuelle Beschäftigung zu verlassen, um

Geld zu verdienen. Daher ist es eine kluge Lösung, sich als Teilzeitunternehmer zu betätigen.

Als Inhaber eines Teilzeitunternehmens können Sie Ihre Vollzeitbeschäftigung und die damit verbundenen Vorteile beibehalten und gleichzeitig neue Möglichkeiten zur Entwicklung und Diversifizierung Ihrer Einnahmequellen erkunden. Als Teilzeitunternehmer wählen Sie Ihren Zeitplan und arbeiten in Ihrem eigenen Tempo, um viele Einkommensquellen zu schaffen und Geld zu verdienen, um finanzielle Freiheit zu erreichen.

Wie man anfängt.

Im Folgenden finden Sie einige einfache, aber wesentliche Schritte, die Ihnen den Einstieg in viele Einkommensquellen erleichtern:

1. Beginnen Sie mit den Aktivitäten, die Ihnen Spaß machen. Der Grundgedanke ist, dass Sie auf Tätigkeiten verzichten sollten, die Sie wirklich verabscheuen und nicht mögen. Da Sie Zeit in Ihr

Unternehmen investieren werden, sollten Sie sich nur auf das konzentrieren, was Sie begeistert.

2. Erstellen Sie einen detaillierten Geschäftsplan. Stellen Sie Nachforschungen an und erstellen Sie einen effektiven Geschäftsplan. Sie möchten sicherlich ein lebensfähiges Unternehmen gründen, mit dem Sie finanzielle Freiheit erreichen können.

3. Umsetzen und vollenden. Ohne die Ausführung und Umsetzung Ihrer Unternehmensstrategie werden große Ambitionen niemals Wirklichkeit. Dies erfordert viel Mut und Engagement, um das Ergebnis zu erreichen, das Sie sich immer gewünscht haben.

4. Ständiges Streben nach Verbesserung. Nicht jeder ist mit seinem ersten Geschäftsvorhaben erfolgreich. Lernen Sie aus den Fehlschlägen der Vergangenheit und nutzen Sie das kollektive Fachwissen, um erfolgreich zu sein.

Wofür geben Sie Ihr zusätzliches Einkommen aus?

Wenn auf dem Weg zur finanziellen Freiheit zusätzliches Geld fließt, stehen Ihnen viele Alternativen zur Verfügung. Hier sind ein paar Beispiele:

1. Schulden abbezahlen.

2. Einen Notfallfonds einrichten.

3. In verschiedene Arten von Unternehmen investieren.

4. Investieren Sie in zusätzliche Einkommensmöglichkeiten, um Ihr Einkommen zu diversifizieren.

5. Recherchieren Sie und schaffen Sie Ihre Einnahmequelle.

6. Das Geld ausgeben und das Leben in vollen Zügen genießen.

7. Tragen Sie mit Ihrer finanziellen Unterstützung zu Wohltätigkeitsorganisationen und anderen verdienstvollen Organisationen bei.

# KAPITEL 6

*Mit der Kraft der Manifestation können Sie jetzt Ihre Wünsche manifestieren und finanzielle Freiheit erlangen.*

Studien zufolge konzentrieren sich frühere Generationen und auch die heutigen Studenten in ihren Kursen zu einem großen Teil darauf, gute Noten zu erzielen und sich eine glänzende Zukunft zu sichern.

Stimmt es, dass Ihre Schule Ihnen beigebracht hat, wie Sie durch die Kraft der Manifestation finanzielle Freiheit erlangen und ein Leben in Wohlstand und Glück führen können?

Auch wenn gute Noten zweifellos wichtig sind, weil sie zeigen, dass Sie sich Ihren Lebenszielen verschrieben haben, bin ich sicher, dass viele von

Ihnen als Schüler von Ihren Lehrern einer Gehirnwäsche unterzogen wurden.

Ihre Vorstellung von einer intensiven Zukunft hat Sie mit Sicherheit dazu veranlasst, eine Karriere als Anwalt, Arzt, Ingenieur, Geschäftsmann oder einen anderen Beruf zu wählen, der ein hohes Einkommen garantiert.

Ihre Schule hat Sie bei der Verwirklichung Ihrer Ziele hervorragend unterstützt.

Bereitet Ihre Schule Sie darauf vor, Ihre finanziellen Mittel zu verwalten, sobald Sie ein Einkommen und Verpflichtungen haben?

Bereitet Ihre Ausbildung Sie darauf vor, monetäre und finanzielle Freiheit zu erlangen?

Ihre gut bezahlte Beschäftigung ermöglicht es Ihnen, in einem großen Haus zu wohnen, ein schönes Auto oder einen Lastwagen zu fahren, vielleicht ein Sportmotorrad oder ein Boot auf einem See, einem Country Club beizutreten, jährlich Urlaub zu machen und die Dinge zu erwerben, die Sie sich gewünscht haben.

Warten Sie! Haben Sie jemals zugelassen, dass sich die Sorge, Ihren Beruf oder Ihre Arbeit zu verlieren, erfolgreich in Ihre Gedanken einschleicht?

Finanzblase geplatzt.

- Organisationen werden verlagert, aufgelöst oder verkleinert.

- Die Kapitalflussrechnung Ihres Unternehmens verschlechtert sich weiter.

- Vielleicht versucht die Unternehmensleitung, die Kosten zu senken.

Sie entscheiden sich für die Entlassung von Mitarbeitern, die ein hohes Wochengehalt verdient haben, und vielleicht sind Sie einer von ihnen, und Ihre Welt bricht zusammen.

Eine dritte und eine zweite Hypothek sichern Ihr hübsches Haus am See bei einer regionalen Bank, und Sie haben in den ersten Monaten Ihr Geld angezapft, um Ihre Kreditgeber zu beruhigen.

Schon bald werden Ihre Kreditgeber Ihnen per Einschreiben Mitteilungen über die bevorstehende Zwangsvollstreckung zukommen lassen und Ihre Mailbox mit Anrufen überschwemmen, in denen sie Sie auf Ihre Verpflichtungen hinweisen.

Ich habe bereits darauf hingewiesen, wie wichtig es ist, das Leben, das Sie sich wünschen, aktiv von innen heraus zu gestalten und es in der materiellen Welt widerzuspiegeln. So wichtig es auch ist, finanziellen Erfolg zu haben und Geld anzuziehen, so wichtig ist es auch, Ihre finanziellen Ressourcen zu verwalten, um das Leben zu leben, das Sie sich wünschen und von dem Sie immer geträumt haben.

Sobald Sie finanzielle Sicherheit erlangt haben und normal atmen können, werden Sie in der Lage sein, aus dem Rattenrennen auszusteigen. Dann werden Sie mehr freie Zeit haben, um die Dinge zu tun, die Ihnen wirklich Spaß machen, wie zum Beispiel die Welt zu erkunden und das Leben zu leben, das Sie sich wirklich wünschen!

Beginnen Sie damit, zu lernen, wie Sie finanzielle Freiheit erreichen können.

Bringen Sie Ihren Kindern den Wert des Wissens bei, das Sie in diesen Zeiten des neuen Zeitalters über die Manifestation Ihrer Wünsche, die Erschaffung des Lebens, das Sie sich wünschen, und das Verständnis, wie das Gesetz der Manifestation wirklich funktioniert, erlangen. In der heutigen Welt gibt es keinen Mangel an Ressourcen, die Ihnen zur Verfügung stehen, um sich weiterzubilden, zu studieren und mit Hilfe des heutigen Internets zu wachsen.

Während Geld ein zweischneidiges Schwert sein kann, das Sie entweder machen oder ruinieren kann, werden die Gesetze der Anziehung des Universums auf Ihrer Seite sein, wenn Sie die Fähigkeit entwickeln können, finanzielle Freiheit zu erreichen.

- Beginnen Sie Ihre Reise in die finanzielle Freiheit.

- Gebildet werden.

- wirtschaftlich vorteilhaft sein.

Es ist eine gute Idee, ein besseres Verständnis für die Erlangung finanzieller Freiheit zu erlangen und sich über die Verwirklichung Ihrer Ziele und Absichten zu informieren, um das Leben zu leben, das Sie wählen.

Beginnen Sie ein neues Abenteuer mit den Schritten des Gesetzes der Anziehung, die Sie dazu führen werden, das zu erreichen, was Sie wirklich in dieser Welt wünschen.

# KAPITEL 7

## *Was braucht es, um das Leben zu beginnen, das Sie sich wünschen?*

Viele Menschen in ihren Dreißigern haben das Gefühl, dass man einen Abschluss haben oder ein Genie sein muss, um finanzielle Freiheit zu erlangen, aber das könnte nicht weiter von der Realität entfernt sein!

Okay, Sie sagen also, dass man Geld braucht, um Geld zu verdienen, richtig?

Nicht immer. Für manche Tätigkeiten braucht man nämlich überhaupt kein Geld; es kommt darauf an, was Sie tun wollen und wie schnell Sie es erreichen wollen. Zunächst müssen Sie sich darüber klar werden, was Sie wollen.

Wollen Sie zum Beispiel zusätzliches Geld verdienen, um es für Reisen auszugeben, oder wollen Sie eine überwältigende Summe verdienen, die Ihren gesamten Lebensstil verändern wird?

Wollen Sie alle Ihre Schulden abbezahlen, das Schulgeld für Ihr Kind bezahlen oder einfach ein Boot kaufen und um die Welt segeln?

Oder streben Sie nach finanzieller Freiheit und allen damit verbundenen Vorteilen?

Das hängt ganz von Ihnen ab, was die Größe betrifft.

Niemand außer IHNEN hat die Autorität, Ihre Geschichte zu schreiben. Wir sollten es noch einmal sagen, weil es so eindringlich ist. Es gibt nur eine Person, die die Macht hat, Ihre Geschichte für Sie zu schreiben: DU. Niemand sonst hat die Autorität, Ihre Geschichte zu schreiben, außer SIE.

Ich werde Sie darüber informieren, dass niemand sonst die Befugnis hat, Ihre Geschichte ohne

Ihre Zustimmung zu beeinflussen; ohne Ihre Erlaubnis wird es niemals geschehen. Wenn Sie dies hinter sich lassen wollen, kann ich aus Erfahrung bestätigen, dass es schwierig ist, aber diese Transformation oder Veränderung ist erreichbar, und allein die Befreiung davon ist entscheidend.

Es ist eine Veränderung Ihrer Denkweise und Ihrer Einstellung. Wage es zu träumen, Wage es, an deinen Traum zu GLAUBEN, und du bist auf dem besten Weg, ihn zu verwirklichen. Dieser Glaube wird Ihr kreatives Potenzial erweitern und Ihnen helfen, Ihre persönlichen Ziele zu erreichen.

Zweitens: Notieren Sie sich den Traum. Notieren Sie auf einem Stück Papier die ersten fünf Aspekte Ihres Lebens, die Sie sich wünschen. HINWEIS: Versuchen Sie, dies so positiv wie möglich zu halten; vermeiden Sie es, irgendwelche Nachteile zu erwähnen.

Anstelle von "Ich wünschte, ich wäre nicht so arm" könnten Sie zum Beispiel schreiben: "Ich bin finanziell unabhängig". Oder statt "Ich wünschte, ich wäre nicht ständig traurig und verärgert" könnten Sie schreiben: "Ich bin zufrieden und in der Lage, Hindernissen mit Toleranz und Unvoreingenommenheit zu begegnen."

Bitte fassen Sie sich einfach und so kurz wie möglich. Mit anderen Worten: Vermeiden Sie es, sich zu sehr in Worte zu fassen.

Zu viele Worte könnten Sie verwirren und von Ihrer Konzentration ablenken.

Drittens: Stellen Sie sich vor und glauben Sie daran, dass das Leben, das Sie sich vorgestellt und aufgebaut haben, wirklich das Ihre ist, denn es ist es! Alle unsere Wünsche und Ziele beginnen auf diese Weise; wir können nicht von Punkt A nach Punkt B reisen, ohne zuerst die Addition zu kennen; ebenso können Sie nicht die Multiplikation lernen, ohne zuerst die Addition zu verstehen.

Viertens: Sie müssen die Fähigkeit haben, zu fühlen. Wie fühlt es sich an, in der Position zu sein, in der Sie sich in Bezug auf Ihr angestrebtes Ziel befinden?

Stellen Sie sich vor, wie Sie ganz in Ihre Vision eines Ziels und dieses Gefühl eintauchen und so lange wie möglich daran festhalten. Tun Sie dies so oft wie möglich, bis es Ihnen zur zweiten Natur wird. Bis es Ihnen zur zweiten Natur geworden ist und Sie es ohne nachzudenken heraufbeschwören.

Danach müssen Sie sich entscheiden, was Sie tun wollen. Dies ist wichtig für den Beginn Ihres Erfolgs. Schreiben Sie auf einem freien Blatt Papier fünf bis zehn Tätigkeiten auf, die Sie schätzen.

Diese müssen nicht in irgendeiner Weise miteinander verbunden sein. Notieren Sie anschließend auf demselben Blatt Papier die Dinge, von denen Sie glauben, dass Sie gut darin sind. Notieren Sie Ihre Stärken. Zögern Sie nicht, Ihre Leistungen anzuerkennen! Erkennen Sie Ihre Leistungen und Fähigkeiten an.

Gehen Sie dann zurück und lesen Sie es erneut, bis Sie es verstanden haben. Wenn Ihnen nichts einfällt, ist das nicht schlimm. Bevor Sie sich wieder an Ihr Projekt machen, legen Sie eine Pause ein und tun Sie etwas völlig Unbeteiligtes. Höchstwahrscheinlich werden Sie keine Probleme haben.

Es kann sogar sein, dass Sie von der Anzahl der Ideen, die Ihnen in den Sinn kommen, überwältigt werden; in diesem Fall notieren Sie sie so schnell wie möglich, und wenn Sie Ihre Liste überprüfen, ist das, was Ihnen am meisten ins Auge springt, oft Ihre Berufung. Das erkennen Sie an Ihrer emotionalen Reaktion darauf. Inspiration ist die Bestätigung, dass Sie auf dem richtigen Weg sind, Ihr Potenzial zu entwickeln.

Erlauben Sie sich, entnervt zu sein! Das Unbekannte IST beängstigend, und jeder Unternehmer kann dies aufgrund seiner persönlichen Erfahrungen bestätigen. Es gibt keine einzige erfolgreiche Person, die nicht irgendwann in ihrer Karriere Angst oder Einschüchterung erlebt hat.

Der Unterschied besteht darin, dass sie ihre Angst überwunden haben; sie sind die Leiter hinaufgestiegen, während andere eine nach der anderen heruntergefallen sind, weil sie sich vor der Höhe gefürchtet haben.

Seien Sie bereit, an Ihre Grenzen zu gehen und Gefühle des Unbehagens zu überwinden. Wenn Sie Ihr Leben umgestalten und finanzielle Freiheit erreichen wollen, müssen Sie Ihr Verhalten ändern, und dabei können Sie in unangenehme Situationen geraten.

Wenn Sie Ihr derzeitiges Komfortniveau beibehalten wollen, müssen Sie so weitermachen wie bisher, aber das bedeutet auch, dass Sie nicht die Veränderung erleben werden, die Sie sich so sehr wünschen.

Um die Zukunft und das Leben zu erreichen, das Sie sich wünschen, müssen Sie diese bewusste Entscheidung treffen.

# KAPITEL 8

## *Finanzplanung für Privatpersonen, Seelenfrieden und Freiheit.*

Jeder hat schon einmal versucht, sein monatliches Einkommen aufzubessern, um steigende Schulden zu tilgen, sei es durch eine gute persönliche Finanzplanung oder durch die Unterstützung einer externen Kreditberatungsorganisation.

Gelegentlich wird der Stress des knappen Geldes zu groß, um ihn zu ertragen, und eine Strategie wird als notwendig erachtet, um finanzielle Freiheit von den Gläubigern zu erlangen. Für die meisten Verbraucher ist es besser, einen eigenen Finanzplan zu erstellen. Diese Tätigkeit bringt volle Verantwortung mit sich und zwingt sie dazu, sich aus einem tiefen Schuldenloch herauszuarbeiten.

Um die finanzielle Freiheit zu erlangen, die Sie sich immer gewünscht haben, müssen Sie zunächst ein persönliches Finanzplanungssystem in Ihr Leben und Ihren Haushalt integrieren - erst dann können Sie wirtschaftliche Gelassenheit und Freiheit erlangen. Stellen Sie sich vor, Sie hätten keine Kredite, keine Schulden und keine sich stapelnden Rechnungen - all das ist erreichbar, wenn Sie einen Plan aufstellen, um aus den Schulden herauszukommen, anstatt darüber zu reden.

1. Planung

Finanzielle Freiheit ist nicht schwer zu erreichen; Sie müssen sich nur hinsetzen und einen effizienten, praktischen Ansatz für die persönliche Finanzplanung entwickeln, um Ihre Schulden zu tilgen. Einige Experten empfehlen auch, Ihre Kreditkarten zu deaktivieren, um Sie vor übermäßigen Ausgaben zu schützen. Denn wenn Sie nicht über die nötigen Mittel verfügen, um etwas zu kaufen, sollten Sie es auch nicht tun.

Frieden.

Selbst wenn Sie in Schulden ertrinken, können Sie ein wenig Seelenfrieden finden. Millionen von Menschen in den Vereinigten Staaten konsultieren täglich Bücher und Websites zu diesem Thema.

Es ist wichtig zu erkennen, dass Sie in Ihrem Kampf gegen die Schulden nicht allein sind; mit Geduld können Sie aus dem Loch klettern und finanzielle Freiheit erlangen. Wenn Ihr Finanzplan erfolgreich umgesetzt wird, haben Sie Ruhe, aber Sie können sich nicht zurücklehnen und es genießen; Sie müssen dafür arbeiten.

Denken Sie daran, wie Kreditkartenunternehmen profitieren - indem sie exorbitante Zinsen verlangen und von Ihnen erwarten, dass Sie jeden Monat nur das Nötigste bezahlen. Seien wir ehrlich: Wenn Sie den Mindestbetrag nicht zahlen können, dann sollten Sie in diesem Lebensabschnitt keine Kreditkarte benutzen oder gar besitzen.

Was können Sie tun, um sich bei einem so offensichtlichen Missbrauch der Geldbörsen der Menschen einen Vorteil zu verschaffen?

Bezahlen Sie nie nur den Mindestbetrag, sondern leisten Sie möglichst alle Zahlungen.

Vermeiden Sie es, Produkte zu kaufen, die Sie nicht benötigen; sparen Sie Ihr Geld für schlechte Zeiten.

Wechseln Sie zu einer Karte, die einen günstigeren Zinssatz oder zusätzliche Vergünstigungen, Rabatte oder Reiseprämien bietet.

Halten Sie einen Lebensstandard aufrecht, der weit unter Ihrem Gehalt liegt; schließlich gibt es keinen Grund zum Prahlen.

Setzen Sie Ihre Kreditkarte mit Bedacht ein, indem Sie eine genaue Liste der notwendigen Ausgaben in Ihrem Finanzplanungskalender erstellen.

Lassen Sie sich nicht länger von Kreditkartenunternehmen ausnutzen - gewinnen Sie die Kontrolle über Ihre finanziellen Verhältnisse zurück und erlangen Sie die finanzielle Freiheit, die Sie sich wünschen. Die Begleichung Ihrer Verbindlichkeiten ist der erste Schritt zu mehr Gelassenheit.

(2): Legen Sie alle Kreditkarten ab, bis auf eine, die nur für Notfälle verwendet wird. Lassen Sie diese Karte jedoch aus Ihrem Portemonnaie verschwinden.

Berechnen Sie Ihre Zinssätze und Ihre Gesamtverschuldung, um die genaue monatliche Zahlung zu ermitteln, die Sie leisten möchten. Zahlen Sie mehr als den Mindestbetrag, wenn Sie 30 Jahre Schulden vermeiden wollen, aber rechnen Sie nach. Machen Sie dies zu einem Teil Ihres Finanzplanungskalenders.

Zahlen Sie vorrangig die Kreditkarte mit dem höchsten Zinssatz ab.

Das Wichtigste ist, dass Sie Ihren Schuldentilgungsplan und Ihre allgemeinen finanziellen Ziele nicht aus den Augen verlieren. Informieren Sie sich gründlich über die Bedingungen Ihrer Kreditkarte - Gebühren, Entgelte, tilgungsfreie Zeiten und alles andere, was Sie für notwendig halten. Geben Sie das Geld, das Sie für Kreditfirmen ausgegeben hätten, für eine bessere, unabhängigere Zukunft aus, nachdem Sie alle Ihre Schulden abbezahlt haben.

# SCHLUSSFOLGERUNG.

Viele Menschen haben ihr ganzes Leben lang sehr hart gearbeitet, aber sie sind nie in der Lage, ihren Traum von finanzieller Freiheit zu verwirklichen. Viele Menschen, die ich kenne, opfern sogar ihre persönliche oder familiäre Zeit, um das zusätzliche Stückchen Erfolg oder Geld aufzuholen, und dennoch gelingt es ihnen nicht, ihr Ziel zu erreichen.

Und warum? Die Antwort ist möglicherweise, dass sie zu hart gearbeitet haben! Was ist das?

Ist es nicht das, was unsere Eltern und Lehrer uns vom ersten Tag an gelehrt haben, dass man hart arbeiten muss, um seinen Lebensunterhalt zu verdienen und reich zu werden?!!!

Finanzielle Freiheit definiert einen gut geplanten Lebensstil, bei dem man nicht mehr gezwungen ist, für Geld zu arbeiten, um seine Kosten zu decken. Finanzielle Freiheit bedeutet nicht, dass eine Person schuldenfrei sein muss!

Es bedeutet, dass man nicht mehr für Geld arbeiten muss, weil das Geld für einen arbeitet und ständig mehr als genug ist, um die Ausgaben, einschließlich der Schulden, zu decken. Letztendlich kann man den gewählten Lebensstil genießen, ohne sich um Geld sorgen zu müssen!

Manche mögen einwenden: "Wie soll man Geld verdienen, ohne zu arbeiten? Das ist doch unmöglich!" In der Tat erfordert es eine erhebliche Änderung der Mentalität. Zunächst muss man den abwertenden Begriff "Arbeit" aufgeben und durch "System" ersetzen. Zum Beispiel Franchising, Network Marketing - all das sind Systeme.

Außerdem wird der Begriff "System" oft mit "Automatisierung" gleichgesetzt. Es geht darum, sich auf mehr wertschöpfende Tätigkeiten zu konzentrieren, anstatt ständig in alle großen oder kleinen Angelegenheiten direkt eingreifen zu müssen.

Nachdem Sie das Konzept der "Systeme" begriffen haben, müssen Sie die Idee der "Hebelwirkung" begreifen. Da die Ressourcen einer Person unterhalb ihres Potenzials begrenzt sind, ist es wichtig zu verstehen, wie man sie HEBELN kann!

Haben Sie das Bild verstanden? Sobald Sie ein SYSTEM implementiert haben, werden Sie als nächstes feststellen, dass Sie einen konstanten Cashflow generieren. Network Marketing ist eine hervorragende Art der Hebelwirkung, da Sie alle Ihre Downlines erfolgreich dazu bringen können, Ihr Geschäft (und natürlich sein eigenes) zu unterstützen und immer dann Geld für Sie zu verdienen, wenn sie Geld verdienen.

Obwohl der Cashflow anfangs oft winzig ist, wächst er mit der Zeit aufgrund des Zinseszinseffekts! Stellen Sie sich vor, Sie haben fünf Downlines in Ihrer Network-Marketing-Organisation und jede dieser fünf Personen wirbt im folgenden Monat fünf weitere Personen an.

Passives Einkommen ist der Begriff, der im Allgemeinen verwendet wird, um diese Art von systematisch generiertem Cashflow (oder Residualeinkommen) zu beschreiben. Wenn das passive Einkommen kontinuierlich die Ausgaben übersteigt, ist man auf dem richtigen Weg zur finanziellen Freiheit!

Aktien und Immobilieninvestitionen sind ebenfalls hervorragende Quellen für passives Einkommen - Dividenden aus Aktien, Mieteinnahmen aus Immobilien usw. Ich kenne viele wohlhabende Menschen, die jedes Jahr so viel Dividendeneinkommen erzielen, dass sie sich im Ruhestand keine Sorgen um Geld machen müssen.

Nicht zu vergessen ist das Internet! Die Erfindung des Internets hat in der Tat ein enormes Tor für praktisch jeden auf unserem Planeten geschaffen, um eine echte Möglichkeit zu haben, Geld zu verdienen, ohne physisch vor Ort zu sein! Vor allem aber bietet das Internet eine ideale Grundlage, um 24 Stunden am Tag, sieben Tage die Woche Geld zu verdienen, und zwar ohne Unterbrechung, sogar im Schlaf!

Zu guter Letzt, aber sicherlich nicht zuletzt, ist ein entscheidender Mentalitätswandel der Mut, Risiken einzugehen! Risiko macht einen Menschen besser und wettbewerbsfähiger, und es ist das, was den Verstand eines Menschen dazu bringt, effektiver zu denken, um Erfolg zu haben! Verlassen Sie Ihre Komfortzone auf der Suche nach einer wohlhabenderen Finanzwelt!

Danke fürs Lesen.

Serie: Finanzielle Freiheit in jedem Alter.

1. Finanzielle Freiheit in Ihren 20ern erreichen
2. Finanzielle Freiheit in den 30er Jahren
3. Erreichen der finanziellen Freiheit in den 40ern
4. Finanzielle Freiheit in den 50ern erreichen
5. Finanzielle Freiheit in den 60ern erreichen
6. Finanzielle Freiheit in den 70ern und darüber hinaus.
7. Finanzielle Freiheit bei Kindern erreichen
8. Finanzielle Freiheit bei Teenagern erreichen
9. Finanzielle Freiheit bei Studenten erreichen.

www.ingramcontent.com/pod-product-compliance
Lightning Source LLC
Chambersburg PA
CBHW070306220526
45465CB00004B/1765